T0043672

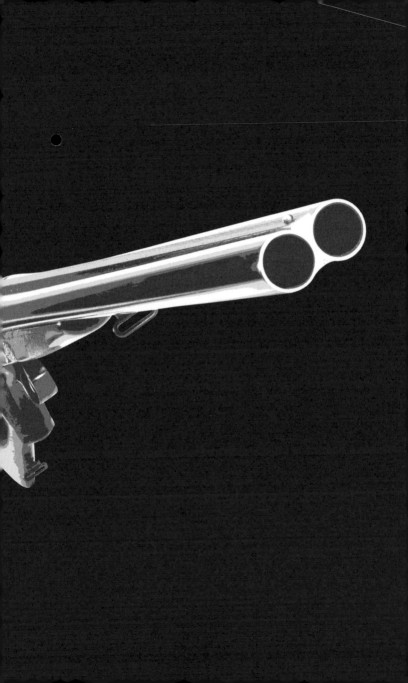

LA COCINA DE LA MAFIA

cocina italoamericana

Joe Cipolla

© 1976, 1998 Verlag W. Hölker GmbH, Münster, Alemania
    Todos los derechos reservados
© 2008 Thule Ediciones, SL
    Alcalá de Guadaira 26, bajos
    08020 Barcelona

Director de colección: José Díaz
Traducción: Moka Seco Reeg
Diseño original: Alexandra Freund
Adaptación de diseño y maquetación: Jennifer Carná
Fotografías: Filmbild Fundus

ISBN: 978-84-96473-87-4
Impreso en China

www.thuleediciones.com

Era la mañana del 25 de octubre de 1967. Yo estaba sentado en el bar del hotel Sheraton de Manhattan, junto al Central Park, saboreando mi *capuccino*, cuando Albert Anastasia entró en el local. Vino directamente hacia donde me encontraba, me golpeó en el hombro y me preguntó: «What's cooking, Joe?» (¿Qué se cuece, Joe?). Pero antes de que me diera tiempo a abrir la boca, ya se había ido a la peluquería del hotel. Fue, como más tarde constataron los hechos, su último afeitado. Este libro se lo dedico a él y a mi madre, Maria Cipolla.

Todo empezó en la ciudad de Nueva York, más exactamente en el barrio de Little Italy, en otoño de 1911. Me llevaron al restaurante en el que se celebraría mi ritual de iniciación. Mis amigos me estaban esperando. El *stoppagliero* me pinchó con una aguja la yema del dedo corazón, y apretó con fuerza para que saliera la sangre, hasta que empapó una pequeña estampa con la imagen de santa Rosalía. Después, mi padrino la quemó y, con la ceniza en el puño, tuve que prestar juramento: «Juro solemnemente lealtad a mis hermanos. Nunca les traicionaré y siempre estaré dispuesto a ayudarles en lo que sea necesario. Si alguna vez rompiera este juramento, ¡qué arda como esta imagen hasta quedar reducido a cenizas!».

Índice

A continuación les ofrecemos doce menús completos.
Cada uno de ellos con al menos un primer plato o entrante,
un segundo o plato principal y postre. Aunque en un primer
momento parezca que están combinados al azar o al gusto
personal del cocinero, han sido elegidos con mucho esmero.

Espagueti «greaseball»

(*greaseball*: miembro veterano, no nacido en EEUU)

1 pimiento verde
500 g de tomates maduros
1 berenjena pequeña
8 aceitunas negras (sicilianas)
1 cucharada de alcaparras
4 cucharadas de aceite de oliva
1 diente de ajo
filetes de anchoa finamente picados
albahaca finamente picada
500 g de espaguetis
queso parmesano

Dar vueltas al pimiento sobre el fuego hasta que se ponga completamente negro. Quitar la piel con un cuchillo, cortar por la mitad, vaciar, secar cuidadosamente y cortar en tiras (con vinagre, aceite y hierbas también resulta una ensalada muy rica).

Cortar los tomates, trocear la berenjena, deshuesar las aceitunas y picar finamente las alcaparras. Colocar el aceite, el diente de ajo, las anchoas, las berenjenas y los tomates en una sartén y calentarlo a fuego lento, dar vueltas hasta que se caliente y las berenjenas queden doradas. Añadir aceitunas, albahaca, pimiento, alcaparras y, en caso necesario, una pizca de sal. Mezclar todo bien, tapar la sartén y estofar las verduras a fuego lento. Poner la pasta en agua con sal hirviendo, y hacer al *dente*; sacarla del agua, mezclarla con la salsa y cubrirla abundantemente con queso parmesano.

Pan de carne siciliano

3 huevos
perejil
250 g de carne picada de buey
pan rallado
un puñado de queso rallado
pimienta recién molida
1 filete de ternera de 500 g
sal
125 g de salami finamente cortado
125 g de queso semicurado en dados
5 cucharadas de aceite de oliva
1 diente de ajo
1 copa de vino tinto
1 lata grande de tomate concentrado

Cocer dos huevos duros y picar el perejil finamente. Colocar en una
fuente la carne picada, el pan rallado, el perejil, el queso y la pimienta,
y mezclarlo todo con el huevo restante. Golpear la carne de ternera y
salpimentar. Repartir la masa de carne picada encima de la carne de
ternera y colocar por último los huevos cortados, el salami y el queso
en dados. Enrollar la carne cuidadosamente y atarla con un hilo fino y
transparente. Si es posible, en una sartén ovalada, poner aceite y dorar
ligeramente el diente de ajo. Quitar el ajo y colocar el pan de carne en la
sartén. Dorar todos los lados, después regar con vino y dejar asar hasta
que el vino se evapore. Diluir el concentrado de tomate con un poco de
agua caliente, regar con ello la carne y dejar que se vaya cocinando a

fuego lento durante una hora. Si la carne se reseca demasiado, añadir un poco de agua o caldo. Cuando el asado esté hecho, sacar de la sartén y dejar enfriar un momento. Después, cortar en rodajas no demasiado gruesas. Espesar la salsa del asado con un poco de harina, removerla hasta que quede sin grumos y regar con ella la carne.

Apio *al sangue*

(*al sangue*: al punto, no muy hecho; *sangue*: sangre)

4 cucharadas de aceite de oliva
1 cebolla en aros
3 dientes de ajo aplastados
500 g de tomates cherry
sal y pimienta
1 kg de apio en rama

Calentar el aceite en una sartén pequeña a máxima temperatura. Freír la cebolla y los dientes de ajo aplastados durante un minuto, antes de añadir los tomates y salpimentarlo todo. Dejar estofar sin dejar de remover. Lavar el apio y quitar las hojas. Secar bien. Después, rasparlo con un cuchillo y cortarlo en trozos de un dedo de largo. Hervir en agua con sal sin que se haga demasiado, la carne ha de quedar firme. Colocar en un plato, cubrir con la salsa y servir de inmediato.

Cannoli capofamiglia

250 g de harina
2 cucharaditas de cacao
¾ cucharadita de café molido
1 pizca de sal
1 cucharadita de azúcar
1 cucharada de mantequilla blanda
1 copa pequeña de vino blanco
250 g de ricota o requesón
100 g de azúcar glas
1 cucharada de licor
2 cucharadas de limón y de naranja escarchada picados
250 g de chocolate amargo en trocitos
aceite de oliva

Para elaborar *cannoli* se necesitan tubos de madera u hojalata de unos
15 cm de largo y 2,5 cm de diámetro. La masa se extiende con el rodillo y
se corta en pequeñas circunferencias. Luego le damos forma envolviéndola
alrededor de los tubos. Estos tubos de masa se pueden elaborar con anterio-
ridad, pero se deben guardar en cajas bien cerradas y en lugar seco, hasta
que se les ponga relleno, porque si no se ablandan y quedan incomestibles.
Para la masa: sobre una tabla, mezclar bien la harina (menos un pequeño
resto) con una cucharadita de cacao, el café molido, la sal y el azúcar,
y dejar en el centro un hoyo en el que metemos los trozos de mantequilla
blanda. Amasar todo bien y añadir un poco de vino para que la masa
quede flexible. Después de amasar (unos 4 minutos) formar una bola,
envolverla en un paño y dejarla reposar durante una hora.

Para el relleno: pasar el ricota (requesón fresco sin sal) por un tamiz y prensarlo en una fuente, añadir ¾ partes del azúcar glas, junto con el licor, y mezclarlo todo bien, hasta que quede una crema uniforme. A continuación, mezclar con las frutas escarchadas, finamente picadas, y algunos trocitos de chocolate. Poner el relleno en dos cuencos separados y añadir, solamente en uno de ellos, el resto del cacao. Dejar que la crema se enfríe en el frigorífico.

Engrasar los tubos de madera u hojalata y extender la masa, finamente, con el rodillo. Hacer circunferencias de 10 cm de diámetro y ovalarlas con el rodillo. Enrollarlas alrededor de los tubos, de forma que los bordes se solapen y queden bien cerradas. Abrir un poco más las aperturas laterales y pintar por encima con clara de huevo, para que los tubos no se abran mientras se hacen.

Poner bastante aceite en una freidora y calentarlo bien, sin que llegue a humear. Freír los *cannoli* (nunca más de dos a la vez) hasta que estén uniformemente dorados, ponerlos encima de un papel de cocina y quitar los tubos cuando se hayan enfriado.

Dejar enfriar completamente los *cannoli* e introducir por una de las aperturas crema de cacao y, por la otra, crema de chocolate. Cerrar las aperturas con media cereza escarchada.

Colocar los *cannoli* en un plato, cubrirlos con azúcar glas y servirlos de inmediato.

El FBI afirma que, entre parientes y colaboradores, somos unas 250.000 personas. Nunca hubiera imaginado que fuéramos tantos.

Pasta *en calabusa*

(*calabusa*: en siciliano, calabozo)

2 cucharadas de pasas
1 coliflor pequeña
75 ml de aceite de oliva
1 cebolla en rodajas finas
3 cucharadas de tomate concentrado
100 ml de agua caliente
filetes de anchoa
2 cucharadas de piñones
500 g de macarrones
bastante queso parmesano u otro queso duro rallado
albahaca fresca picada
sal y pimienta al gusto

Dejar las pasas en remojo de agua caliente hasta que se esponjen, y secar.
Lavar la coliflor y hervirla en agua con sal, sin dejar que se haga demasiado. Sacarla del agua y dejarla escurrir. Dorar ligeramente la cebolla en aceite de oliva y añadir el concentrado de tomate diluido en agua. Tapar la sartén, y hervir todo durante un par de minutos a fuego lento. Después añadir la coliflor partida en ramilletes. Aplastar las anchoas con el aceite de oliva hasta que se deshagan. Añadir esta salsa, junto con las pasas secas y los piñones, a la coliflor. Mezclar bien y dejar reposar. Hervir los macarrones como siempre, al *dente*. Una vez escurridos colocar en una fuente y verter encima la salsa. Por último, espolvorear por encima el queso rallado y la albahaca picada.

Palomita *lupara*

(*lupara:* rifle de cañón recortado cargado con clavos, tornillos, tuercas, etc.)

4 palomas
hojas de salvia finamente cortadas
1 manojo de perejil picado
2 dientes de ajo aplastados
2 cucharadas de alcaparras
unas cucharadas de aceite de oliva
cáscara rallada de un limón
vinagre blanco
sal y pimienta

Desplumar y flamear las palomas para terminar de limpiarlas de plumas y plumones. Vaciarlas y reservar el corazón, el estómago y los higaditos. Lavar cuidadosamente. Desprender la pechuga y separar también el resto de la carne de los huesos. Dejar la pechuga entera y cortar el resto de la carne en trozos pequeños. Añadir las entrañas, finamente cortadas, la salvia cortada, el perejil, los ajos y las alcaparras. Calentar en una sartén algunas cucharadas de aceite de oliva a temperatura moderada y freír las pechugas hasta que se doren. Añadir unas cucharadas de vinagre y la cáscara rallada del limón y dejar en el fuego hasta que el líquido se evapore. Entonces, salpimentar los trozos de carne y colocarlos en la sartén, tapar y dejarlos cocer lentamente durante una hora. Servir caliente.

Ensalada *presto*

(*presto*: rápido)

hinojo
zanahorias pequeñas
1 calabacín pequeño
1 pepino
1 apio
aceite de oliva
zumo de limón
sal y pimienta

Picar las verduras finamente y dejarlas en una fuente. Preparar una salsa con el aceite de oliva, el zumo de limón, la sal y la pimienta y verter sobre la ensalada.

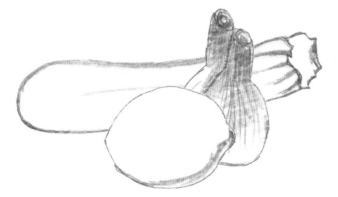

Ravioli di Barone

Nicola Barone, «El Músico», es un hombre serio y formal, de voz suave y serena. No tiene vicios: ni fuma, ni bebe, ni juega. Su única pasión es la de perfeccionar su técnica al piano para llegar a ser un gran virtuoso. Su virtuosismo ha llegado a tales cotas de perfección que, con una cuerda de piano, consigue separar la cabeza del cuerpo de un 'nfame, sin que le caiga una sola gota de sangre sobre la camisa de seda bordada con sus iniciales.

Para el relleno:
750 g de castañas pilongas
200 g de polvo de cacao dulce
500 g de chocolate amargo
azúcar al gusto
3 cucharadas de almendras
3 cucharadas de frutas escarchadas
aceite de oliva
canela
clavo molido
miel

Para la masa:
500 g de harina
150 g de azúcar
cáscara rallada de un limón
2 copas de vermú
½ vaso de aceite de oliva
½ vaso de agua

Remojar en agua las castañas durante la noche y después hervirlas hasta que se ablanden, luego se escurren y se pasan por un tamiz encima de una fuente. Añadir el cacao, el chocolate rallado y el azúcar que se quiera, y mezclarlo bien con las castañas. Añadir las almendras machacadas y las frutas escarchadas picadas, y mezclar también.

Poner la harina en una tabla y mezclar con el azúcar, la cáscara de limón, el aceite de oliva, el vermú y el agua. Amasar bien la masa. A continuación extenderla bien con un rodillo y cortarla en circunferencias de unos 7,5 cm. Poner en cada circunferencia de masa un poco de relleno, doblar por la mitad y presionar. Es importante apretar bien los bordes para que queden bien cerrados. Freír los raviolis en aceite de oliva hirviendo y dejar que escurran bien.

Servir sobre un plato espolvoreado de azúcar y especies, y verter encima un poco de miel caliente.

Salsa de carne santa Rosalía

(Santa Rosalía: patrona de Palermo)

perejil
1 apio
1 cebolla grande
1 zanahoria
1 diente de ajo
4 cucharadas aceite de oliva
2 cucharadas de mantequilla
sal y pimienta
ramillete de hierbas aromáticas
700 g de carne picada, mitad ternera, mitad cerdo
250 ml de vino
1 ½ lata pequeña de concentrado de tomate
300 ml de caldo

Picar finamente el perejil, el apio, la zanahoria y el diente de ajo. Calentar
en una sartén, a temperatura moderada, el aceite de oliva, la mantequilla,
la sal, la pimienta y las hierbas aromáticas. Colocar la cebolla picada y
las otras verduras en la sartén y remover de vez en cuando. Cuando la
cebolla se empiece a dorar, añadir la carne picada y freír.
La carne tiene que estar hecha antes de añadir el líquido, para que la salsa
no quede sosa. Verter el vino sobre la carne y aumentar la temperatura,
para que el alcohol se evapore mientras seguimos removiendo. Disolver
el concentrado de tomate en el caldo y echarlo sobre la carne. Estofar la
salsa durante una hora y media y, si es necesario, añadir un poco más
de vino o caldo. Si se quiere servir esta salsa con canelones debe quedar
bastante espesa.

Costilla de ternera Scarface

(*Scarface*: el famoso Caracortada)

4 costillas de ternera gruesas sin hueso
4 lonchas gruesas de jamón cocido
aceite de oliva
1 cebolla
1 loncha gruesa de jamón serrano
1 zanahoria
albahaca
apio
perejil
salvia
1 copa de vino blanco seco
2 pimientos dulces
2 tomates grandes y maduros
4 rebanadas de pan, fritas en aceite de oliva
sal y pimienta al gusto

Envolver cada costilla de ternera en una loncha de jamón cocido. Atarlas con un hilo y dejar dorar la carne en una sartén con un poco de aceite de oliva. Cortar en daditos la cebolla y el jamón serrano, y ponerlos en una fuente de horno. Colocar encima la carne dorada junto con las verduras (zanahoria, albahaca, perejil, apio y salvia) y verter encima la copa de vino blanco. Tapar bien la fuente con su tapa o con papel de aluminio, y poner al horno durante una hora a temperatura moderada. Calentar el horno previamente.

Mientras tanto, quemar los pimientos sobre una llama hasta que queden negros. Cuando se enfríen, pelar, sacar las semillas y cortarlos en anillos finos. Pelar los tomates, cortarlos por la mitad y añadirlos junto con los pimientos a la carne. Volver a cerrar la fuente y asar todo durante media hora más.

Servir sobre las rebanadas de pan.

Al's caponata

(*caponata*: verdura variada en vinagre)

Al Capone tenía 23 años y lavaba los platos en un local barato de Brooklyn cuando, tras la proclamación de la decimoctava enmienda en 1920, entró en vigor la ley seca. Siete años después, se había convertido en el capo de un sindicato formado por contrabandistas y mafiosos, con sede en Chicago, cuyas transacciones llegaron a mover una suma anual de 105 000 000 dólares. Una revista inglesa (no me acuerdo del nombre) otorgó a Al Capone el título de: «Nuestra decimonovena enmienda».
Se calcula que Al Capone, en el esplendor de su carrera, llegó a poseer una renta anual de 30 000 000 dólares. Bajo el liderazgo de Al Capone los gánsteres cometieron 500 asesinatos que quedaron impunes por falta de pruebas. Y aunque al final llegaron a condenar al mismísimo Al Capone a once años de prisión, únicamente pudieron acusarle de evadir impuestos. Murió en 1947 de un ataque al corazón. La regla de oro que siguió Al Capone durante toda su vida fue la de la abstinencia: «Higiene mental y corporal».

1 kg de berenjenas
sal
500 g de cebollas
4 cucharadas de aceite de oliva
500 g de tomates
2 cucharadas de alcaparras
700 g de apio en dados
aceitunas negras deshuesadas con ajo
vinagre
1 cucharadita de azúcar

Lavar las berenjenas, trocearlas y ponerlas sobre un paño de cocina, salar y dejarlas reposar durante una hora. Dorar la cebolla, cortada en anillos, en el aceite de oliva. Añadir las alcaparras, el apio y las aceitunas. Freír todo un poco y agregar los tomates cortados. Cuando los tomates ya estén hechos, quitar la sartén del fuego. Secar las berenjenas y freírlas en aceite hasta que se doren, dejar que escurran el aceite y añadir a la mezcla de tomate. Verter encima el vinagre con el azúcar, mezclar todo bien, y dejar estofar hasta se evapore el vinagre. La *caponata* se puede servir fría (como *antipasti* o entremeses) o caliente.

Bombas

500 g harina
20 g levadura
aceite de oliva
sal (o azúcar o miel)

Poner la harina en un cuenco grande y hacer un hueco en el centro. Diluir la levadura en un poco de agua caliente, añadirla a la harina y amasar bien. Ir añadiendo, paulatinamente, cucharadas de agua caliente con sal: la masa tiene que quedar muy elástica. Una vez bien amasada, tapar y dejar crecer la masa, aproximadamente una hora, hasta que empiece a bullir. Calentar el aceite rápidamente en una freidora y, cuando empiece a soltar humo, ir echando cucharadas de masa. Una vez se doren, sacar y poner sobre un papel de cocina para que suelten el exceso de aceite. Las bombas se pueden servir saladas o dulces (con azúcar o miel diluida), según se vayan a servir con vino seco o vino dulce.

Souppa de champiñones

(*souppa*: americanismo que proviene del italiano *zuppa*, sopa)

2 cucharadas de mantequilla
aceite de oliva
1 cebolla cortada finamente
1 diente de ajo aplastado
500 g de champiñones
250 g de tomates pequeños
2 cubitos de caldo
perejil
2 huevos
queso rallado
pimienta
picatostes

Calentar en una cacerola la mantequilla y el aceite, añadir la cebolla y el ajo, y freír hasta que queden transparentes. Agregar los champiñones, limpios y cortados en láminas, y saltear ligeramente. Pasar los tomates por la trituradora o la batidora, y añadir también. Disolver los cubitos de caldo en un litro de agua muy caliente y verter sobre los champiñones. Hervir todo durante 20 minutos a temperatura mínima. Antes de servir, picar finamente el perejil, y batirlo con los huevos, el queso rallado y un poco de pimienta y añadir a la sopa sin dejar de remover. Servir en una sopera y adornar con picatostes fritos en mantequilla.

Salsicca en saco y ceniza

(*Salsicca*: salchicha)

750 g de salchichas
brasas de carbón vegetal

La salchicha o salchichas deben ser de sabor fuerte, condimentadas con muchas especies. Cortar en trozos de unos 15 cm y enrollarlas en papel de aluminio. Deben quedar bien cerradas. Colocar los envoltorios de aluminio en las cenizas de una hoguera o barbacoa durante 20 minutos. Servir con mostaza, ketchup, pimienta y ajo.

Alcachofas Terranova

Ya que hablamos de verduras, no puedo desaprovechar la ocasión para decir dos palabras sobre Ciro Terranova, el rey de la alcachofa, un hombre que además de verduras, siempre tuvo algún que otro asuntillo entre manos. Ciro era el gran hombre de la East Street 116th de Nueva York: los zapatos siempre relucientes, puros bien gruesos, un alfiler de corbata con diamantes incrustados y las uñas de las manos exquisitamente cuidadas. Su negocio era el monopolio de la alcachofa, así como suena: compraba todas las existencias que había en el mercado y luego fijaba el precio de venta al público a su antojo. Si a alguien le molestaban sus métodos, le ajustaba las cuentas (es decir, se lo cargaba) o le mandaba un paquete de regalo… lleno de alcachofas. El mismo Ciro se encargaba de supervisar el empaquetado para que nunca faltara la *guinea football* (una bomba de relojería casera).

6 alcachofas
zumo de un limón
3 cucharadas de aceite de oliva
3 cucharadas de perejil
1 cebolla picada
1 cucharada de concentrado de tomate
sal
6 patatas pequeñas

Partir las alcachofas y dejarlas un rato en remojo de agua con limón. Poner en una sartén grande las 3 cucharadas de aceite de oliva, el perejil picado y la cebolla. Agregar las alcachofas y dorar todo a temperatura moderada. Diluir el concentrado de tomate con un poco de agua, salar al gusto y añadir a la verdura. Dejar que hierva un poco más. Pelar las patatas lo más finamente posible, cortarlas en trozos no demasiado pequeños y añadirlas a la verdura con 150 ml de agua. Dejar cocer las alcachofas a temperatura moderada durante unos 40 minutos, hasta que la salsa espese. Servir caliente.

Gotas de mazapán

1 kg de almendras dulces
algunas almendras amargas
750 g de azúcar
4 huevos
½ cucharadita de azúcar de vainilla
cáscara rallada de 2 limones
un poco de harina

Picar finamente las almendras y mezclarlas con el azúcar, los huevos, el azúcar de vainilla y la cáscara de limón rallada. Amasar bien. Formar pequeñas bolas, pasarlas por el azúcar y colocarlas en una bandeja de horno espolvoreada con harina. Hornear las gotas de mazapán en el horno caliente, a temperatura suave durante 20 minutos.

Maccheroni vicaria

(*vicaria*: en siciliano, eufemismo irónico para cárcel)

2 cucharadas de tocino
1 diente de ajo
250 g de carne de vacuno
1 copa de vino tinto
500 g de tomates maduros
½ l de caldo
sal y pimienta al gusto
albahaca
300 g de macarrones
queso rallado

Cortar el tocino en dados y derretirlos en una sartén grande a temperatura máxima; dorar el diente de ajo y agregar a continuación la carne cortada en dados. Cuando la carne también esté uniformemente dorada, rociarla con el vino y aumentar la temperatura al máximo. En cuanto el alcohol se evapore, reducir al mínimo el fuego. Pelar los tomates, cortarlos en trozos y añadirlos a la carne al mismo tiempo que el caldo, la sal, la pimienta y la albahaca. Estofar todo durante media hora. Si la salsa se espesa demasiado, añadir un poco de vino. Hervir los macarrones como siempre, al *dente*, y servirlos con la salsa y el queso rallado.

Relleno a la Brooklyn

2 alcachofas
zumo de un limón
sal
1 loncha gruesa de jamón serrano (de 0,5 cm)
3 cucharadas de mantequilla
500 g de carne de vacuno sin grasa en 8 filetes
harina
aceite de oliva
½ cebolla picada
1 copa pequeña de vino blanco
sal y pimienta al gusto

Lavar las alcachofas con agua corriente, desechar las hojas externas y duras, y hervir unos minutos en agua con zumo de limón y sal. Ponerlas boca abajo sobre un paño, para que escurran, y cortarlas en octavos. Picar finamente el jamón y mezclarlo con la mantequilla. Golpear la carne para alisarla, y poner en cada filete un poco de la mezcla de mantequilla y jamón y dos partes de las alcachofas; enrollar los filetes y atarlos con un hilo. Espolvorear los *involtini* (rollos de carne rellenos) con harina y dorarlos en una sartén con la mantequilla y la cebolla picada. Rociar con el vino, condimentar, tapar la sartén y dejar que se haga lentamente.

Pimiento del ricottaro

(*ricottaro*: miembro joven y prometedor de la mafia)

En realidad, la guerra de Castellamare estalló debido al conflicto que había desde el comienzo del siglo xx entre los antiguos capos que dirigían las distintas familias (cada una de las secciones en las que se subdivide la cosa nostra), y un grupo de ricottari que, posteriormente, serían los que llevaran la voz cantante. Giuseppe Masseria fue quien dio el disparo de salida: en 1930 condenó a muerte a varios prominentes miembros sicilianos afincados en EEUU. La guerra comenzó en Nueva York, pero se propagó como el fuego por todo el país. En un intervalo de 48 horas fueron asesinados 50 capi (jefes o padrinos) de la vieja generación. Bien es cierto que, al final, Masseria, el mismo hombre que maquinó la masacre, tuvo ocasión de probar su propia medicina: en abril de 1931, un ajuste de cuentas le dejó seco en un restaurante de Coney Island.

4 pimientos grandes
aceite de oliva
300 g de tomates maduros
3 cucharadas de concentrado de tomate
sal

Lavar los pimientos, vaciarlos, cortarlos en anillos y guisarlos durante 10 minutos en aceite (¡no freír!). Después, agregar el concentrado de tomate, los tomates troceados y la sal. Guisar todo junto, a fuego lento, durante 10 minutos.

Merengues de avellana

El ya hace tiempo fallecido capo de las Vegas, Arancio Baccalà Boiardi, pertenecía a esa clase hombres de la que era imposible calcular su renta anual. A pesar de ello, durante toda su vida fue un estricto cumplidor de nuestras antiguas normas, unas normas que prohíben cualquier tipo de suntuosidad superflua e innecesaria. Siempre fue en el típico cadillac de toda la vida, fabricado en serie. Que el cristal del parabrisas estuviera graduado, se debía únicamente a que era miope. Que su estrambótica villa estuviera construida sobre una especie de enorme disco que giraba siguiendo la trayectoria solar, se debía tan sólo a que en una ocasión, estando a gran altitud, el sol le había quemado nariz. Y que en su boca brillaran nada más que coronas hechas con diamantes, se debía, simple y llanamente, a que los diamantes eran más resistentes y duraderos que el oro.

300 g de avellanas
4 claras de huevo
200 g de azúcar
cáscara rallada de un limón
1 cucharada de mantequilla
harina

Picar finamente las avellanas. Montar la clara de huevo y el azúcar a punto de nieve, y añadir las avellanas y la cáscara rallada de limón con cuidado. Engrasar la bandeja del horno con mantequilla y espolvorear con harina. Colocar cucharadas de masa en la bandeja, dejando espacio suficiente entre ellas, y hornear durante media hora en el horno caliente. Los merengues deben quedar secos, pero muy blancos. Servir con frutas o solos con vino dulce.

Spaghettini Butterfly

Salvatore Manganato, un jovenzuelo de mi familia, era extremadamente flaco. Le llamaban «Madame Butterfly». El pobre no tenía ni idea de ópera, pero se había ganado el apodo porque no había ventana con reja que le retuviera mucho tiempo en la cárcel. Era tan, tan flaco, que a los «maderos» les sobraba con uno de los aros de las esposas para sujetarle las dos muñecas, y para hacerle una radiografía, al médico de la cárcel le bastaba con ponerle delante de una ventana por la que entrara la luz del sol. Hasta ahora ha sido el único hombre de toda la organización que ha conseguido escapar de la «Maria Maddalena».

500 de spaghettini
sal
3 cucharadas de aceite de oliva
1 diente de ajo aplastado
4 pimientos secos de sabor suave
queso rallado

Hervir la pasta en agua salada. Mientras tanto, calentar el aceite en la sartén, añadir el ajo y el pimiento, cortado en pequeños trozos, y dejar freír a temperatura mínima. Escurrir la pasta, añadir la salsa y rallar mucho queso encima.

Conejo agridulce

1 conejo limpio, partido en trozos
300 ml de vino tinto
2 cebollas cortadas en anillos finos
2-3 hojas de laurel
granos de pimienta
125 g de tocino graso
harina
sal y pimienta al gusto
50 g de pasas
2 cucharadas de azúcar
2-3 cucharadas de vinagre
50 g de piñones

Colocar los trozos de conejo en una cacerola grande que no sea de aluminio. Preparar la marinada en una segunda olla con una cebolla, el vino, las hojas de laurel y los granos de pimienta: hervir durante un minuto. Una vez fría, verterla sobre la carne y dejar reposar durante varias horas para que tome sabor. Cortar finamente el tocino y la otra cebolla, y freír juntos. Sacar el conejo de la marinada, escurrirlo, darle vuelta y vuelta en la harina, perdigar y después salpimentar. Verter de nuevo, paulatinamente, la marinada colada sobre la carne. Si el líquido no es suficiente, se puede usar también caldo o agua. Una vez que la carne esté en su punto, ponerla en una fuente de horno, quitar la grasa de la salsa que ha ido espesando durante la cocción y verter otra vez encima. Meter la fuente al horno caliente. Poner las pasas en remojo durante 15 minutos. En una sartén pequeña, a temperatura mínima, diluir el azúcar en el vinagre, retirar del fuego y añadir las pasas y los piñones. Mezclar bien esta salsa agridulce y verter sobre la carne. Dejar el guiso unos minutos más en el horno.

Coliflor frita

1 coliflor
harina
2 huevos
sal y pimienta al gusto
grasa para freír

Quitar las hojas verdes de la coliflor, poner en agua salada a calentar sin dejar que llegue a hervir. Escurrir bien y espolvorear con harina. Batir los huevos con la sal y la pimienta en una fuente honda y meter la coliflor para que se empape bien. A continuación, freírla en aceite hasta conseguir un dorado uniforme. Escurrir bien y servir como acompañamiento.

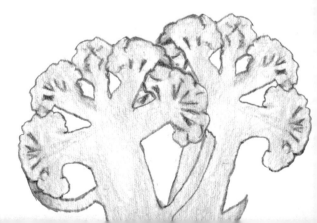

Souppa O'Fungo

En el sur de Philadelphia, la gente sigue sabiendo perfectamente quién era O' Fungo. Bien es cierto que no es tan fácil olvidarse de un apodo tan gracioso como «El hongo». Era un hombre bajo y corpulento y con la tez amarillenta; cualquier cosa menos guapo. A pesar de eso, era un buen amigo de sus amigos y un intermediario *di prima qualità* (según el argot de la cosa nostra, así se llamaba a los miembros de la familia que eran absolutamente dignos de confianza). Tenía una forma muy especial de comunicarse con la gente: si tenía alguna pelea con alguien, se lo llevaba a la cocina, y enseñaba a su *amico* (según el argot de la cosa nostra, persona a la que se creía capaz de traicionar a la organización) la destreza con la que manejaba su *stileto* para cortar en rodajas un simple champiñón. Se dice que nunca salió perdiendo en una discusión y, si perdió algo, a lo sumo un par de amigos...

500 g de champiñones
2 cucharadas de aceite de oliva
2 cucharadas de manteca de cerdo
1 cebolla cortada en aros
2 dientes de ajo
algunas cucharadas de tomate concentrado
sal y pimienta al gusto
2 cucharadas de perejil picado
2 cucharadas de queso parmesano
pan tostado

Lavar los champiñones, cortarlos en láminas y colocarlos en una fuente. Salar ligeramente y dejar reposar durante algunas horas para que se sequen del todo. Colocar en una cacerola el aceite, la manteca, el ajo y la cebolla y dejar dorar a temperatura moderada. Añadir después el tomate concentrado disuelto en agua, mezclarlo bien y agregar los champiñones. Después de algunos minutos, añadir ⅓ l de agua con la sal y la pimienta, y hervir durante 10 minutos a fuego lento, antes de cubrirlo con perejil y queso rallado. Colocar rebanadas de pan tostado en tantos platos hondos como comensales y verter encima la sopa.

Chuletas de cordero calico

(*calico*: tejido de algodón de colores y estampado)

750 g de chuletas de cordero
4 cucharadas de aceite de oliva
1 cebolla rallada
500 g de tomates maduros
2 pimientos cortados
3 cucharadas de aceite de oliva
perejil
sal y hierbas aromáticas

Freír las chuletas con dos cucharadas de aceite hirviendo. En otra sartén poner dos cucharadas de aceite de oliva, la cebolla, los tomates pelados y troceados, los anillos del pimiento, las aceitunas y el perejil picado toscamente, y freír durante 20 minutos a temperatura moderada. Poner las verduras sobre las chuletas y condimentar con las hierbas aromáticas y la sal.

Tarta de almendras

6 huevos
750 g de azúcar
2 cucharadas de harina
1 cucharadita de levadura
750 g de almendras molidas
1 cucharadita de azúcar de vainilla
ralladura de cáscara de un limón
mantequilla

Separar las claras y las yemas de los huevos. Batir las yemas con el azúcar hasta que queden cremosas. Agregar la harina, la levadura, las almendras, el azúcar de vainilla y la ralladura de la cáscara de limón. Batir la clara a punto de nieve y mezclarla con la masa con mucho cuidado. Engrasar un molde y espolvorearlo ligeramente con harina. Verter la masa en el molde y hornear a temperatura media. Introducir un palillo en la tarta y si sale limpio, está hecha. Dejar enfriar y volcar sobre un plato. Por último, glasear con azúcar, almíbar…

Sopa de hinojo silvestre

4 rebanadas de pan blanco cortado en dados
mantequilla
750 g de hinojo
250 g de queso gruyer en lonchas
sal

Dorar el pan en mantequilla. Desechar los tallos verdes del hinojo, cortar los bulbos en láminas y hervirlos sin que se hagan del todo. Sacarlos del agua y escurrir, reservando el agua de la verdura. Engrasar una fuente de horno, cubrirla con una capa de picatostes, otra de lonchas de queso y una última de láminas de hinojo. Cubrir todo con el agua que habíamos reservado. Poner encima unos trocitos de mantequilla y hornear durante 20 minutos. Servir caliente.

Pork scaloppine

(escalope de cerdo)

2 cucharadas de tocino en dados
aceite de oliva
1 diente de ajo aplastado
500 g de escalopes de cerdo finos
1 cucharada de harina
2 cucharadas de mantequilla
1 copa de marsala (vino tinto seco)
sal y pimienta al gusto

Dorar ligeramente el tocino con el diente de ajo en aceite de oliva. Freír los escalopes por ambos lados a temperatura máxima, sacarlos de la sartén y mantenerlos calientes. Hacer una masa con la harina y la mantequilla y añadir, junto con el vino tinto, a la grasa que ha quedado en la sartén. Remover bien para que la salsa quede sin grumos y verterla sobre los escalopes.

Finocchio in bordello

(hinojo en burdel)

Y aunque el hinojo es una verdura, Finocchio también era el
nombre de un muchacho que regentaba una cadena de *bordelli* en
Boston. A ninguna de sus bellezas le estaba permitido cenar con
él, sólo a Gina, una prostituta con un bellísimo rostro de madona,
pero que en definitiva seguía siendo una mujer de Satanás. La
especialidad de esta mujer, además de la cama, era este fantástico
dulce que bautizó en honor a su protector y que se sirve ¡caliente!

500 g de harina
300 g de azúcar
2 huevos
200 g de mantequilla
levadura
algo de leche
200 g de pasas
100 g de granos de anís
2-3 clavos
1 pizca de canela
1 pizca de sal
100 g de almendras picadas
75 g de nueces picadas

Amasar sobre una tabla la harina, el azúcar, los huevos y la mantequilla.
Añadir la levadura disuelta en un poco de leche: la masa debe quedar
flexible. Remojar las pasas unos minutos en agua caliente, secarlas y
mezclarlas, junto a las nueces, con la masa. Volver a amasar. Machacar

los granos de anís y los clavos y añadir a la masa,
junto con la canela y la sal. Amasar otra vez
y extender la masa con un rodillo hasta que tenga
un cm de espesor. Cortarla en rombos, colocarlos
en una bandeja de horno y hornear hasta que se doren.

Espagueti *aglio e olio*

(= salsa de ajo y aceite)

«*Se retiraron los cuchillos y las pistolas de la mesa, y Mr. Manzano dio orden de traer la comida. No vi a ninguna mujer. Tampoco fui a la cocina para curiosear. Sin duda, no era el mejor momento para andar por ahí metiendo mis narices donde no me llamaban. Trajeron la comida en unas enormes bandejas. De primero había espagueti aglio e olio, de segundo, pollo y otros tipos de carne. Una de ellas era ternera, creo…*» (del diario de Joe Valachi).

El bueno y viejo Joe. Por supuesto que no vio a ninguna mujer. Yo y otros cuantos *picciotti* (jóvenes miembros de la organización) habíamos estado diez horas metidos en la cocina para preparar todos esos platos. El comentario de Joe respecto al menú es bastante impreciso, por eso incluyo a continuación las verdaderas recetas. ¡Ah, por cierto! Si alguien no sabe exactamente de lo que está hablando, es mucho mejor mantener la *bocca chiusa* (la boca cerrada). Joe tendría que haberlo sabido…

500 g de espaguetis finos
5 cucharadas de aceite de oliva
1 diente de ajo aplastado
75 g de filetes de anchoa
sal y pimienta a gusto

Mientras se hierve la pasta, verter el aceite de oliva y el diente de ajo aplastado a la sartén y freír a fuego lento. Se aplastan los filetes de anchoas con un tenedor, hasta conseguir que la carne se disuelva en su propio aceite. Hervir la pasta al *dente*, dejarla escurrir, verter encima la

salsa de anchoas y, al gusto, añadir una pizca
de pimienta. No hace falta queso.

Tournedós al orégano

3 cucharadas de aceite de oliva
½ cucharadita de orégano molido
1 pizca de sal
1 diente de ajo aplastado
4 tournedós de unos 3,5 cm de grueso
1 ramillete de orégano fresco

Calentar a temperatura mínima el aceite de oliva junto con el orégano, una
pizca de sal y el ajo; mezclar bien. Hacer los tournedós a la plancha y
untarlos de vez en cuando con el ramillete de orégano mojado en la salsa.

Pollo a la *valachi*

1 pollo o pularda
sal
apio
perejil
albahaca
1 yema de huevo
aceite de oliva
zumo de un limón
50 g de atún
1 cucharada de alcaparras
2 filetes de anchoas

Poner al fuego una gran cacerola con agua y sal, el apio cortado, perejil y albahaca.

Vaciar el pollo y lavarlo. En cuando el agua empiece a hervir, añadir el pollo y guisar a fuego lento hasta que esté hecho. Con la yema, la sal, el aceite de oliva y el zumo de limón, preparar una mayonesa ligera. Cortar finamente el atún, las alcaparras y los filetes de anchoa, y mezclar todo con la mayonesa. Si a la salsa le falta acidez, se puede añadir un poco de vinagre. Sacar el pollo del caldo, dejar enfriar, cortar en trozos y colocar en una fuente. Verter la salsa encima y servirlo con un plato de ensalada variada.

Pan di Spagna

(bizcocho ligero y seco)

5 cucharadas de harina de patata
100 g de harina
6 huevos
125 g de azúcar
1 vaina de vainilla
5 cucharadas de mantequilla derretida

Juntar y tamizar los dos tipos de harina. Engrasar un molde redondo y
profundo y espolvorearlo con harina; eliminar la harina sobrante con ligeros
golpecitos. Separar las yemas de las claras de los huevos. En un recipiente,
batir vigorosamente (con una batidora o una cuchara de madera) las
6 yemas con el azúcar y la vaina de vainilla, hasta que queden cremosas.
Batir las claras a punto de nieve y añadirlas con cuidado a la crema.
Agregar la harina a cucharadas y después la mantequilla derretida.
Cuando todo esté bien mezclado, retirar la vaina de vainilla.
Verter la masa en el molde, alisar la superficie y meterla en el horno
caliente durante 40 minutos. Dejar enfriar el molde antes de sacar el pastel.

Risotto Don

(*don*: título honorífico reservado a los miembros más importantes
e influyentesde la *cosa nostra*)

Los mediadores desempeñan un papel muy especial dentro de la
organización. Un mediador, aunque todavía no se encuentra al
mismo nivel que el Don, ha dejado de ser un subordinado más;
dirige, pero tampoco es un capitán; piensa, pero no decide; es una
persona a la que el Don pide consejo, pero tampoco es un asesor;
lucha en nombre del Don, pero tampoco es su guardaespaldas. Es el
catador del Don, y por tanto, ¡todo un gourmet!

1 cebolla
75 g de aceite de oliva
250 g de solomillo
4 cucharadas de vino tinto
500 g de tomates cherry
albahaca
3 cucharadas de tomate concentrado
1 huevo
3 cucharadas de pan rallado
3 huevos duros
200 g de mozzarella
500 g de arroz
75 g de queso rallado
sal

Cortar la cebolla en aros y freírlos en aceite de oliva en una olla de barro.
Cuando la cebolla esté dorada, añadir la carne. Dar vueltas, para que
se haga por todos los lados. A continuación, verter el vino y, cuando se

haya evaporado el alcohol, agregar los tomates cortados en trozos, la albahaca y el tomate concentrado disuelto en agua. Tapar y dejar estofar a fuego lento. Si fuera necesario, añadir de vez en cuando un poco de agua a la carne. Cuando esté hecha la carne, sacar de la olla y cortarla por la mitad. Cortar una de las mitades lo más finamente posible, para incorporarla de nuevo a la salsa; picar la otra, y dejarla, junto con al huevo y el pan rallado, en una fuente. Mezclar todo bien (si la masa quedara demasiado blanda, añadir un poco más de pan rallado), hacer pequeñas bolas, del tamaño de una cereza, y freír en aceite hirviendo. Cortar los huevos duros y la mozzarella en rodajas. Hervir el arroz al *dente*, dejar reposar unos minutos y cubrir con ¾ de la salsa. Engrasar un molde alto y espolvorearlo con pan rallado. Llenar con arroz hasta la mitad y poner encima la mitad de las bolitas de carne, las rodajas de mozzarella y el huevo, el queso rallado y lo que queda de la salsa. Cubrir con el arroz restante y el resto de los ingredientes. Por último, poner un poco de aceite de oliva y de pan rallado por encima, y meter el molde en el horno caliente durante 15 minutos.

Si usamos el grill, obtendremos una sabrosa costra dorada.

49

Pollo a las finas hierbas

1 pollo para asar (de unos 1250 g)
perejil
albahaca
350 g de tomates maduros
25 g de mantequilla
3 cucharadas de aceite de oliva
1 cebolla en aros
1 copa de vino blanco seco
chile molido
sal

Lavar el pollo y, una vez seco, trocearlo. Picar el perejil y la albahaca lavados. Pelar los tomates y cortarlos en trozos. Calentar la mantequilla y el aceite de oliva en una sartén y freír los trozos de pollo junto con los aros de cebolla, añadir de vez en cuando un poco de vino blanco y algo de chile molido. Una vez que el pollo esté tostado, añadir los tomates, el perejil y la albahaca. Salar y mezclar todo bien, después tapar la sartén y dejar estofar a temperatura moderada durante una hora más. Si es necesario, añadir un poco de agua.

Zanahorias en marsala

500 g de zanahorias
2 cucharadas mantequilla
un poco de marsala seco
sal

Raspar las zanahorias y cortarlas en rodajas finas, salar y freírlas en mantequilla caliente. Agregar un par de cucharadas de marsala y cerrar la olla hasta que las zanahorias se hayan ablandado. Servir caliente.

Tarta de ricotta

(*ricotta*: requesón)

350 g de *ricotta* o requesón
350 g de azúcar
3 huevos
350 g de harina
ralladura de la cáscara de 1 limón
1 cucharadita de levadura
1 cucharada de mantequilla

Amasar el requesón con el azúcar durante 10 minutos, añadir 3 yemas de huevo y, por último, la harina, la ralladura de la cáscara de limón y la levadura. Batir la clara de los huevos a punto de nieve y mezclar cuidadosamente con la masa. Engrasar un molde con mantequilla, llenar con la masa y meter en el horno caliente. Probar con un palillo o algún objeto punzante si el pastel está hecho. Dejar que se enfríe, poner en un plato y espolvorear con azúcar glas. Servir frío.

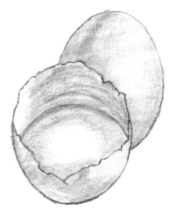

Souppa di asparagi

(sopa de espárragos)

1 kg de espárragos
aceite de oliva
1 diente de ajo prensado
pimienta recién molida
4 huevos
125 g de queso rallado
pan tostado o picatostes

Hervir en agua salada los espárragos troceados, escurrir y estofar en una olla, junto con el ajo prensado y el aceite de oliva. Condimentar con un poco de pimienta recién molida y añadir un litro de agua salada. Cuando el agua empiece a hervir, quitar la olla del fuego (para que no cuaje todo en seguida) y agregar los huevos batidos y el queso rallado. Remover con cuidado para ligar la sopa. Servir con dados de pan tostado o picatostes.

Pollo seconda la regola

(*seconda la regola*: según la norma)

Nunca nos vanagloriamos de nosotros mismos. Sería faltar a la regola. Pero si nos ponemos a ello, por favor, hagámoslo bien.

Meyer Lansky dijo una vez que nuestro
«imperio» era más grande que U.S. Steel.
Comprobémoslo: en 1969, el activo financiero
de U.S. Steel ascendía a 5 600 000 000
dólares y el valor de sus acciones
a 5 000 000 000 dólares, de los que, una
vez deducidos los impuestos, les quedaba
un beneficio neto de 172 500 000 dólares.
El valor de nuestras transacciones, por el contrario,
asciende a 50 000 000 000 dólares, es decir, diez veces
más que U.S. Steel. Nuestro beneficio es mayor que el de
General Motors, Standard Oil, Ford, General Electric, Alcoa y U.S.
Steel juntos. ¿Por qué, entonces, no íbamos a poder comer bien?

4 berenjenas pequeñas
1 pollo (1250 g)
aceite de oliva
100 g de jamón ahumado en dados
1 diente de ajo aplastado
1 copa de vino blanco seco siciliano
350 g de tomates
sal y pimienta al gusto
perejil

Cortar las berenjenas, a lo largo, en tiras de un cm de grosor, salar y
dejarlas reposar durante media hora; escurrir bien y secar por encima.
Partir el pollo en trozos y freírlo, junto con el jamón y el ajo, en aceite
de oliva. Cuando la carne esté dorada, rociar con el vino blanco y dejar
que se cueza bien. Después, añadir los tomates, la sal y la pimienta,
y dejar estofar todo a fuego lento. Freír las berenjenas y agregarlas
al pollo. Antes de retirar la cazuela del fuego, echar mucho perejil
por encima.

Leche de almendras

500 g de almendras
azúcar

Machacar las almendras en un mortero y colocarlas en una fuente. Añadir agua, hasta que el nivel del líquido esté 5 cm por encima de las almendras. Dejar reposar en un lugar frío por lo menos durante 4 o 5 horas. Después, colar el líquido a través de un paño, que escurriremos de vez en cuando, para extraer los últimos restos de la leche de almendra. Endulzar y servir muy frío con un surtido de galletas.

Maccheroni al rojo vivo

sal
5 cucharadas de aceite de oliva
4 dientes de ajo
6 pimientos grandes, secos y suaves
500 g de macarrones gordos

Poner a hervir agua con sal en una olla para hacer los macarrones.
Calentar el aceite de oliva en una sartén de hierro con los 3 dientes
de ajo. Freír un poco y añadir los pimientos. Cuando los pimientos se
empiecen a hinchar y a poner brillantes, sacarlos de la sartén, junto con
los ajos, y machacarlos en un mortero hasta que obtengamos una especie
de salsa. Hervir los macarrones al *dente*. Poner un poco de aceite de oliva
en otra olla, freír el último diente de ajo hasta dorarlo, añadir la salsa
de pimientos y remover rápidamente con el aceite para que la salsa no
ennegrezca. Verter la salsa sobre los macarrones escurridos y parecerá que
están al rojo vivo.

Becadas alla Cesare Mori

(Cesare Mori: un prefecto de policía que aparece en las crónicas sicilianas)

El típico mafioso nunca llama la atención por su forma de vestir, es muy educado, siempre habla en voz baja y es extremadamente reservado y discreto. Si alguien le insulta, nunca pierde el control, es más, parece que está dispuesto a pasar por alto el incidente. Sólo levanta la mano para dar el golpe mortal cuando la ocasión le es propicia y siempre que esté seguro, al cien por cien, de que saldrá impune del asunto. Siempre trata a la policía con educación y respeto, e incluso parece que está dispuesto a colaborar y ayudar en todo lo que pueda, pero si le preguntan por un sospechoso de algún delito, declarará que el pobre diablo ha sido víctima de un malentendido lamentable, o insistirá tozudamente en que solo conoce al acusado de vista y muy de lejos.

2 becadas
sal
100 g de jamón cocido en lonchas
aceite de oliva
1 copa de vino blanco
1 copa de marsala seco
2 cucharaditas de alcaparras
4 filetes de anchoas
mantequilla
pan tostado

Lavar las becadas, secarlas y salarlas por dentro y por fuera. Colocar un par de lonchas de jamón en la pechuga de las becadas y atarlas con

un hilo de cocina. Dorar en aceite de oliva.
Añadir un poco de vino blanco y marsala
y dejar estofar a temperatura moderada.
Lavar las menudillas y picarlas finamente,
junto con las alcaparras y los filetes de anchoa,
y freír con un poco de mantequilla. Cuando todo
quede bien tostado, añadir un poco de vino blanco
y marsala y estofar durante 20 minutos más. Repartir
la salsa en el pan tostado y servir como guarnición
alrededor de las becadas.

Patatas al horno con champiñones

1 kg de patatas
1 kg de champiñones
pan duro
perejil
sal y pimienta al gusto
queso curado rallado
aceite de oliva

Cortar las patatas en rodajas de 0,5 cm de grosor y los champiñones por la mitad. En una bandeja de horno, poner una capa de patatas, ligeramente saladas y otra encima de champiñones. Humedecer el pan duro con unas gotas de agua antes de desmigarlo y amasar junto con el perejil, la sal, la pimienta y una parte del queso rallado. Cubrir los champiñones con la mitad de esta masa y rociar con un par de cucharadas de aceite de oliva. A continuación, añadir otra capa de patatas, otra de champiñones y el resto que queda de la masa. Echar por encima más queso rallado y algunas cucharadas de aceite de oliva. Dejar en el horno durante una hora a temperatura moderada.

Visi bianchi

(rostros pálidos)

3 claras de huevo
125 g de azúcar
cáscara rallada de un limón
100 g de nueces picadas

Batir las claras de huevo a punto de nieve y añadir el azúcar, la cáscara de limón rallada y las nueces picadas finamente. Ir colocando la masa, a cucharadas, encima de una bandeja para horno forrada con papel de horno, dejando suficiente espacio entre una y otra. Hornear los merengues a temperatura moderada durante 20 minutos en el horno caliente.

Índice de platos

Pasta y sopas

Platos de carne, caza y aves

Verduras y ensaladas

Postres